R. Leticia Corral Bustamante

Poesía al Universo

R. Leticia Corral Bustamante

Poesía al Universo

Relatividad General, Teoría de Cuerdas y Teoría Cuántica

JustFiction Edition

Imprint
Any brand names and product names mentioned in this book are subject to trademark, brand or patent protection and are trademarks or registered trademarks of their respective holders. The use of brand names, product names, common names, trade names, product descriptions etc. even without a particular marking in this work is in no way to be construed to mean that such names may be regarded as unrestricted in respect of trademark and brand protection legislation and could thus be used by anyone.

Cover image: www.ingimage.com

Publisher:
JustFiction! Edition
is a trademark of
International Book Market Service Ltd., member of OmniScriptum Publishing Group
17 Meldrum Street, Beau Bassin 71504, Mauritius
Printed at: see last page
ISBN: 978-620-0-49588-4

Copyright © R. Leticia Corral Bustamante
Copyright © 2021 International Book Market Service Ltd., member of OmniScriptum Publishing Group

Poesía al Universo

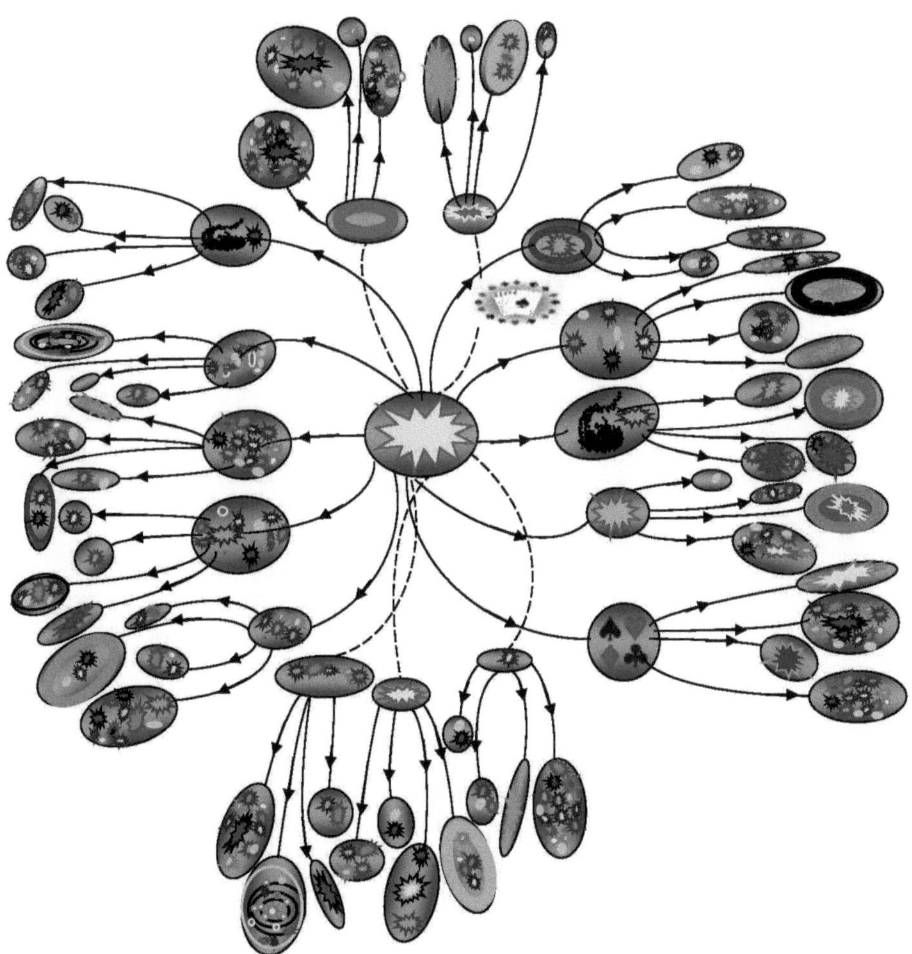

Leticia Corral Bustamante

Dedico esta obra al

Sagrado Corazón de Jesús

Prólogo

Este Libro de Poemas, contiene ecos de mi mente y de mi corazón fuertemente enraizados en la física de fenómenos físicos que ocurren en el Universo en que me ha tocado habitar parte de los siglos XX y XXI.

El Capítulo I, contiene poemas alusivos a la rama de la Astronomía llamada Astrofísica, en especial, la dedico a mis vivencias con respecto a la Termodinámica de Sistemas Complejos, el Desencuentro con el amor verdadero que penetró en lo más profundo de mi Ser, dejando una impronta que perdura y cuyas raíces tienen que ver con la segunda ley de la termodinámica: la entropía que se incrementa con el paso del tiempo y que no retrocede, dejando una huella precisa en partículas materiales que se aglutinan en un punto de infinita gravedad que los matemáticos y los astrofísicos calificamos con el nombre de singularidad. Es así como me atrevo a comprar la entropía y la expansión del universo con el comportamiento del Ser Humano por la coincidencia elocuente que las vincula definitivamente. Adicionalmente, el cumplimiento de la tercera ley de la termodinámica se ha hecho presente en mi vida, por no haber llegado al cero absoluto porque mis células siguen vibrando ante el encuentro inesperado...

De los fenómenos físicos que ocurren en nuestro universo, podemos argumentar que en este tejido cósmico en que vivimos, se presentan singularidades. La singularidad a que es sujeto un hoyo negro puntual, o al punto en que se aglutinó toda la materia antes del Big Bang en que todo fue orden, pero que con el Bang, inicia la expansión del Universo con un componente asimétrico en el tiempo produciendo la entropía, el caos, las partículas materiales provenientes de la luz más vieja que deja su eco después del Big Bang: el fondo cósmico de microondas a 380,000 años de la explosión, que nos invade en todas direcciones, y que ha sido la fuente de formación de galaxias, planetas, estrellas, materia ordinaria que, de información del satélite Planck de la Agencia Espacial Europea (ESA por sus siglas en inglés), constituye el 4.9% del Universo y que es "la única que conocemos", mientras que la materia oscura que significa el 26.8% y la energía oscura que representa un 68.3%, son desconocidas para nosotros hasta el día de hoy. El universo de hoy se expande de forma acelerada, lo que quizá desemboque en muerte térmica con la entropía al máximo o con un Big Rip (el gran desgarramiento o teoría de la expansión eterna), desdeñando al Big Crunch (Gran Implosión o Gran Colapso), todas ellas, teorías cosmológicas sobre el fin que pudiera presentar nuestro Universo... Si no es que la Galaxia Andrómeda choque con nuestra Galxia: la Vía Láctea, antes de que la Humanidad se percate (si es que lo logre) de uno de los fenómenos en que inevitablemente termine nuestro Universo (muerte térmica, Big Crunch, Big Rip, el Sol explote como una Supernova invadiendo un radio más allá de Marte,...)

Con motivo de este Libro de Poemas, desde lo más profundo de mi mente, y con respecto a los poemas de Astrofísica y Cosmología que contiene este sublime Poemario, hermano gemelo de los poemas que contiene mi Libro "Un Presente para un Pretérito de Relatividad General" Un Quantum de Astrofísica, el Lic. Fernando Suárez Estrada, el Maestro José Martín Berlanga Reyes, el Profesor Humberto Ramos Molina, y el Escritor Raúl Manríquez Moreno, penetran en la médula ósea del contenido que embarga la pertinencia de los poemas a través de la expresión elocuente que con este motivo nos convoca, razón por la cual, cada uno de ellos abre un capítulo en esta obra: Capítulos II, III, IV y V, respectivamente.

Este ramillete de poemas ha sido inspirado a partir de mi admiración por el Universo en que habitamos. Aún más, por la elegancia de los conceptos simbolizados a través del lenguaje de Dios: Las Matemáticas, para modelar los tipos de universos por los más connotados hombres de ciencia a través de la evolución de los siglos (poema: Los Universos del Capítulo III), el origen del universo pensado como la Gran Explosión con una etapa de inflación en sus inicios, para dejar que la gravedad sea la fuerza repulsiva que llevó al universo al período de expansión después del Big Bang. Al combinar la relatividad general con física de partículas, existe una indicación con respecto a que, a densidades de energía muy altas, esperamos encontrar estados de materia que causan que la gravedad se vuelva repulsiva. Para producir repulsión gravitacional es necesaria una presión negativa. Por el contrario, la presión positiva produce gravedad atractiva. En este tenor, podemos argumentar que es posible tener presiones negativas, y que las presiones negativas producen gravedad repulsiva. Esto hace posible la inflación que propone que el material gravitatorio repulsivo existió en el universo primitivo. No se sabe con exactitud en qué momento de la historia del universo se produjo la inflación ni a qué escala de energía se produjo ésta. Además, es posible que, durante la Gran Explosión el punto de infinita gravedad en que se encontraba la materia explotó por todos lados formando burbujas contenidas en un Multiverso global.

Las poesías del Capítulo II: Multiverso de burbujas, Autorreproducción desbocada, Burbujas del Multiverso, Teoría elegante de Cuerdas, De Inflación a Multiverso, Diez a la Quingentésima, Omega de universos y La burbuja en que habitamos, son elocuentes a este respecto.

De la cosmología inflacionaria de Alan Guth, entendemos que el universo se ha estado acelerando durante los últimos cinco billones de años de la historia del origen del universo, que data aproximadamente de 13.82 billones de años. Hubo un período en el que se desaceleraba. Una implicación de esto es que, en realidad, la inflación está sucediendo hoy. Esta aceleración del universo es similar a la inflación, y realmente la interpretamos de acuerdo con un tipo similar de física. Creemos que tiene que ser causada por algún tipo de presión negativa, al igual que la inflación fue causada por una presión negativa. Y este material que aparentemente llena el espacio y tiene presión negativa es lo que llamamos energía oscura. Y la energía oscura llamada así porque no sabemos que es, no la vemos y es lo que está causando esta aceleración.

La energía oscura es energía del vacío, es energía "de la nada". A este respecto, es curioso que la nada tenga energía. Nos entusiasma la idea de medir la densidad de energía del campo electromagnético del vacío y obtener un número finito con la escala de Planck: la escala de energía (masa), la escala de longitud definida como ~1.616199 $\times 10^{-35}$ m asociada con la gravedad cuántica, pero, nos damos cuenta de que dicha densidad de energía es tan exorbitantemente grande como 120 órdenes de magnitud y no hemos logrado asimilar por qué es así, por qué la energía del vacío es así precisamente...

Como para la teoría de cuerdas no existe un único vacío, los teóricos de cuerdas afirman que existen 10^{500} (diez a la potencia de quinientos) tipos de vacío que consisten en estados meta estables de larga vida que pueden caer y pasar de uno a otro estado meta estable, cualquiera de los cuales podría ser el vacío que llena un universo de bolsillo dado, y esos 10^{500} podrían ser poblados por una inflación eterna, si existiese. En este tenor, tendríamos un multiverso con 10^{500} tipos de vacío en diferentes universos de bolsillo. Esta es la idea de la portada de esta obra.

Las leyes de la física serían distintas de un bolsillo a otro, en nuestro bolsillo vemos electrones y quarks, quarks que se combinan para formar protones y neutrones, en otros bolsillos podría haber tipos de partículas completamente diferentes, y la variabilidad de la densidad de energía de vacío quizá sea la respuesta a por qué tenemos una energía de vacío tan pequeña. Esta es la esencia de los poemas del Capítulo II.

En el Capítulo III se expresan Poemas procedentes de la Relatividad Numérica y la Mecánica Cuántica. En el poema de "Los Hoyos Negros no tienen Pelo", se expresa la Ley de Censura Cósmica de Sir Roger Penrose mediante el Teorema de "No-Hair", mediante el cual no es posible que exista una singularidad desnuda, es decir, un hoyo negro sin horizonte de eventos.

"Al fondo cósmico de microondas": la luz más vieja del Universo vista por los satélites COBE y WMAP de la NASA y el satélite Planck de la ESA, a 380,000 años de la Gran Explosión: el fondo cósmico de microondas (CMB por sus siglas en inglés) que dejó una impronta indeleble que contiene el plasma primordial que ha permitido la evolución de la expansión del universo y que contiene las semillas de lo que es la estructura actual del universo: las galaxias, los planetas, las estrellas y todas las partículas de materia ordinaria que conocemos, y esa materia y energía oscuras que desconocemos... esa impronta en el CMB se descubre en el año 1992 por el satélite COBE de la NASA y a partir de ahí, hay toda una serie de estudios que muestran como las anisotropías del CMB (que dieron lugar a los cúmulos de galaxias, las nebulosas, los agujeros negros, las estrellas, etcétera) y que han dado luz a la medición de la tasa de densidad/densidad crítica del Universo (poema Omega de Universos del Capítulo II). La ley de Hubble describe esta expansión y el estudio de dicha tasa de expansión ha demostrado que el universo está muy cerca de la densidad crítica de 9.47×10^{-27} kg/m^3, lo que da la certeza al modelo inflacionario de Alan Guth.

En este Capítulo III, también se plasma una Oda a la energía oscura o energía del vacío descrita anteriormente, así como un poema alusivo a los tipos de Universo basados en las matemáticas que realizaron científicos de relatividad numérica del siglo XIX, XX y XXI (Ver el Capítulo 5 del Libro: "Un Presente para un Pretérito de Relatividad General" Un Quantum de Astrofísica, de mi autoría), este es el poema a "Los Universos". Finalmente, el poema alusivo a la mecánica cuántica del "Entrelazamiento (Entanglement)", que nos permite imaginar una perspectiva de la unión intrínseca que existe entre dos o más partículas a pesar de que la distancia entre ellas sea extraordinariamente grande, efecto al que llamó Einstein: "espeluznante".

En los Poemas del Capítulo IV, se expresa una perspectiva de los objetos astrofísicos y fenómenos físicos, a partir de dichos objetos que predice la Teoría de la Relatividad General de Albert Einstein, tales como Hoyos Negros, Púlsares, Cuásares y Ondas Gravitacionales

Las ondas gravitacionales, detectadas por el experimento LIGO (Laser Interferometric Gravitational Wave Observatory): ¡La medida más precisa hecha nunca por un instrumento científico! al 22 de septiembre de 2018, son deformaciones en la estructura del espacio-tiempo que se propagan a la velocidad de la luz cuando un fenómeno gravitacional violento ocurre. Anunciado al público el 11 de febrero de 2016 y detectadas el 14 de septiembre de 2015 en los interferómetros gemelos de Livingstone (Luisiana) y Hanford (Washington). Estas ondas, son una predicción de Albert Einstein (1879 - 1955) y Nathan Rosen (1909-1995) a través del "Universo ondulante de Einstein y Rosen"[1], detectadas por LIGO 100 años después de la predicción de Einstein.

Son ondas gravitatorias cilíndricas: ondas que viajan espacio-tiempo en una geometría de rizos. Otra validación de la teoría de la relatividad general. Las ondas gravitacionales son generadas por grandes cataclismos astrofísicos que corresponden a ¡Fenómenos Astrofísicos de Altas Energías!, tales como: estallido del Big Bang, era de recalentamiento del universo -al final de la inflación cosmológica, explosión de supernova, choque de galaxias, coalescencia de estrellas binarias compactas - estrellas de neutrones, fusión de agujeros negros supermasivos –fuente más potente después

---

[1] A. Einstein and N. Rosen. (1937). On gravitational waves. Franklin Institute, 223, Issue 1, 43-54. Einstein y Rosen originalmente llegaron a la conclusión opuesta.

del Big Bang, estallidos de rayos gamma. Estos fenómenos crecen a base de acretar materia y/o de fusionarse entre ellos. En estos procesos de acrecimiento se emite una enorme cantidad de radiación (particularmente en rayos X y gamma). Estos cataclismos generan energía que billones y billones de bombas atómicas.

Uno de los fenómenos más violentos que jamás hayan existido, es la fusión de agujeros negros supermasivos, uno de los eventos más violentos que han existido después del Big Bang. Dos agujeros negros cayendo en espiral, se fusionan en un agujero negro más masivo, emitiendo ondas gravitacionales. La emisión de ondas gravitacionales por la fusión de los agujeros negros detectada por LIGO logró una potencia de 4 x 10^{49} vatios = 10^{23} soles, la distancia a la que se encontraba de nosotros fue de 410 Mega pársecs (Mpc)[2] y, en cambio, el efecto en la Tierra fue minúsculo.

¡Producir ondas gravitacionales requiere energías descomunales, y detectarlas requiere tecnología extraordinariamente fina!

¿Cómo se detectan las ondas gravitacionales? Por ejemplo, por pérdida de energía por emisión de ondas de un sistema binario de estrellas de neutrones orbitando un alrededor de la otra.

El primer pulsar binario fue descubierto por Hulse y Taylor en 1974 mediante el telescopio de Arecibo. Con ello, ganaron el Premio Nobel de Física en 1993[3]. Las limitaciones de la detección de ondas gravitacionales radican en el hecho de que, a la fecha no existe contrapartida de detección de ondas gravitacionales en otros rangos del espectro electromagnético que el rango de los cientos de hercios en que LIGO detectó dichas ondas gravitacionales por primera vez (un hercio es la frecuencia de una oscilación que sufre una partícula en un período de un segundo).

LIGO ha tomado la medida más precisa hecha nunca por un instrumento científico óptico de precisión más grande del mundo. Atributos importantes de LIGO es que posee dos haces de luz láser de 4 km que son modificados al paso de una onda gravitacional, detectan variación de diezmilésima del diámetro de un núcleo atómico, puede ver a una distancia de 1,000 millones de años luz de la Tierra. Se construyeron

---

[2] 1 pársec = 206265 ua (unidades astronómicas) = 3.2616 años luz = 3.0857 x 10^{16} m.

[3] Por el descubrimiento de un nuevo tipo de púlsar, que ha abierto nuevas posibilidades para el estudio de la gravitación. Press release. NobelPrize.org. Nobel Media AB 2018. Fri. 21 Sep 2018. https://www.nobelprize.org/prizes/physics/1993/press-release/

dos detectores de LIGO para evitar falsos positivos causados por vibración local, como terremotos, tráfico o fluctuaciones del propio láser. Otro detector de ondas gravitacionales es VIRGO, un detector europeo para captar señales idénticas a LIGO con su versión mejorada en otoño de 2016.

El equipo usado para detectar ondas gravitacionales, consiste en un interferómetro de Michelson[4]. Con el paso de una onda gravitacional, la luz láser deja de sufrir interferencia destructiva y deja una señal en el fotodetector. Los Fundadores del experimento fueron: Reiner Weiss, Ronald Drever y Kip Thorne[5], quienes propusieron la idea de un interferómetro láser de tipo Michelson entre cuatro espejos muy masivos, de manera que la posición relativa de los espejos se podía conocer con extraordinaria precisión y así detectar el paso de una onda gravitacional.

Lo que se ha visto en LIGO ha sido una oscilación periódica de los espejos del interferómetro, con una frecuencia y una amplitud característica predicha por la relatividad general, que permite conocer la masa y distancia relativa de los agujeros negros que caen en espiral, el uno hacia el otro, y terminan fusionándose en otro agujero negro de mayor masa, con ello, se puede predecir y medir la masa del agujero negro resultante de la fusión. Así pues, lo que se detectó en LIGO, fue la fusión dos agujeros negros 29 y 36 masas solares a una distancia de 410 megaparsecs (1300 millones de años luz). El resultado de la fusión fue un agujero negro 62 masas solares con una conversión de 3 masas solares de energía en forma de ondas gravitacionales.

Quizás podamos oír el Big Bang en ondas gravitacionales mediante un experimento adicional por el Laboratorio de Propulsión a Chorro de la NASA: LISA: Laser Interferometer Space Antenna, un conjunto de satélites en órbita alrededor del Sol, que consiste de un interferómetro de millones de kilómetros de brazo, es sensible al rango de frecuencias de la mili hercios que explorara fusiones agujeros negros supermasivos del centro de galaxias.

---

[4] García-Bellido Capdevila, J. (2016). LIGO detecta por primera vez las ondas gravitacionales emitidas en la fusión de dos agujeros negros. Investigación y Ciencia, 1-.

[5] Premio Nobel de Física 2017: «Por sus contribuciones decisivas al detector LIGO y por la observación de ondas gravitatorias».

Las implicaciones que tiene esta detección para la cosmología y la física fundamental, consiste en: explorar la naturaleza de la materia oscura y la energía oscura, usar eventos de fusión de agujeros negros como "sirenas estándar" para determinar distancias a galaxias lejanas - Supernovas de tipo Ia como candelas estándar, deducir el contenido de materia y energía que da lugar a la expansión acelerada del universo, detectar pequeñas desviaciones de relatividad general, gravedad cuántica, …

En el Capítulo V, se presentan poemas inspirados en la Teoría Cuántica que fue en sus inicios desarrollada por grandes hombres de ciencia del siglo XIX y XX, entre los que se encuentran Niels Bohr y Werner Heisenberg que, a pesar de ser protagonistas de eventos cuánticos de la estructura del átomo y del principio de incertidumbre, respectivamente, en su vida personal protagonizaron al Padre-Hijo y/o amigo-hermano que el universo en expansión logró separar, ese universo en expansión que predice la teoría de la relatividad general de Einstein, teorías (cuántica y relativista) que ni ellos ni nadie hasta ahora han logrado reconciliar porque actúan en niveles diferentes, como se sabe, la mecánica cuántica en la escala microscópica y la relatividad general en la escala macroscópica. Esa expansión del universo que une a personas con relaciones mediocres y separa relaciones genuinas y verdaderas.

Por otra, parte, la poesía ¿Onda o Partícula? Tiene que ver con la discusión de si la materia se comporta como onda o partícula, tan bien representada por el experimento de doble rendija o ranura donde se manifiesta la dualidad onda-partícula, en el cual se puede ver cómo un mismo fenómeno puede tener dos percepciones distintas, digamos, un pedacito de materia llamado electrón (partícula elemental), los lanzamos consecutivamente uno a uno a través de una doble ranura para ser detectados en un tablero, esto con la finalidad de que uno no afecte al otro y, lo que se observa es un patrón de interferencias, porque cada electrón sale disparado como partícula convirtiéndose en una onda de posibilidades al pasar por las dos ranuras interfiriéndose consigo mismo hasta golpear la pared del tablero como partícula.   En forma matemática, el electrón pasa por las dos ranuras y por ninguna, pasa por una y por la otra, unos mundos de posibilidades se han superpuesto las unas con las otras. Sin embargo, si un solo electrón se siente observado al pasar por una rendija dibuja un patrón de dos franjas, no un patrón de interferencias, decidió comportarse de manera distinta al sentirse observado. Esto es nuestro mundo cuántico.

Los poemas de entrelazamiento, superposición y teletransportación son fenómenos del mundo cuántico. El entrelazamiento es un fenómeno cuántico, es una propiedad predicha en 1935 por Einstein, Podolsky y Rosen (paradoja EPR) para probar la inexactitud de la mecánica cuántica por carecer de equivalente clásico[6]. En el entrelazamiento, los estados cuánticos de dos o más objetos se describen a través de un estado único que involucra a todos los objetos del sistema, sin importar que los objetos estén separados espacialmente.

La tele transportación cuántica hace uso de este entrelazamiento para transmitir información cuántica de una posición a otra bastante alejada mediante un objeto clásico.

Leticia Corral Bustamante

Otoño de 2020

---

[6]A. Einstein, B. Podolsky and N. Rosen. (1935). Can Quantum-Mechanical Description of Physical Reality Be Considered Complete?. Phys. Rev., 47, 777-780.

D. M. Clark, Einstein-Podolsky-Rosen paradox: a mathematically complete exposition, Bol. Soc. Parana. Mat. (2) 15 (1-2) (1995), 67-81.

I. Z. Tsekhmistro, The Einstein - Podolsky - Rosen paradox and the concept of integrity (Russian), Voprosy Filos. (4) (1985), 84-94.

B. Carazza, Historical considerations on the conceptual experiment by Einstein, Podolsky and Rosen, in The nature of quantum paradoxes (Dordrecht, 1988), 355-369.

L. Corral Bustamante (2018). Un Presente para un Pretérito de Relatividad General. Un Quantum de Astrofísica, Editorial Académica Española, SIA OmniScriptum Publishing, Riga, Latvia. ISBN: 978-620-2-13987-8

Doy créditos al **Tecnológico Nacional de México** y al **Instituto Tecnológico de Ciudad Cuauhtémoc** mi Centro de Adscripción, por permitirme ser, estar y expresar en el espacio-tiempo de este Universo que habitamos, los pensamientos y sentimientos del quehacer científico al que me debo, a través de la expresión sublime del alma y del corazón: la poesía.

R. Leticia Corral Bustamante
Profesora Investigadora
Tecnológico Nacional de México
Instituto Tecnológico de Ciudad Cuauhtémoc
Otoño de 2020

Índice

Capítulo I

Astrofísica: Termodinámica de Sistemas Complejos

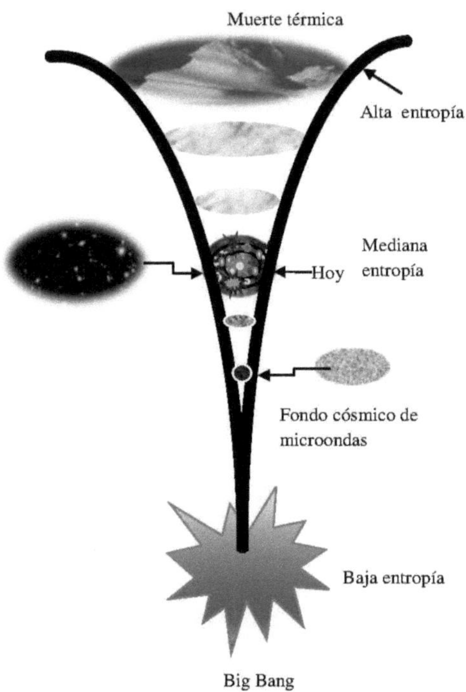

Como astrofísica, he tomado conciencia de que mi vida ha sido fuertemente influenciada por la Segunda Ley de la Termodinámica a través de la entropía y la expansión del Universo en que habito.
Y, aunque esta rama de la física no tenga que ver con el amor ¡las coincidencias son contundentes!
En este tenor, los Seres Humanos somos parte importante de la Termodinámica de los Sistemas Complejos.

Leticia Corral Bustamante
21 de septiembre de 2018

Desencuentro

La entropía es la culpable
del universo en acción:
Paso del tiempo inexorable
antes de entrar al salón,
los nervios me carcomían
sosteniendo tu visión.

Aquél beso inesperado
que arrancó mi corazón
corazón acelerado
hormonas a toda sazón
de un amor inmoderado
derrochando sensación.

Todo en la vida se acaba
cuando una fuerza impulsora
desatina al corazón.
la expansión que me adolora
empujando al tropezón,
que mi pensamiento ahora
¡nunca me dio la razón!

Todavía conservo el beso
robado aquél día bendito
que me envolvió en embeleso
de pensamiento inaudito
cero absoluto tieso
¡nunca llegó al infinito!
Mis átomos vibran al verte,
No alcanzan el cero absoluto
Ni eso te instó a atreverte
¡Dejándolo irresoluto!

El universo se expande,
el universo se enfría
aseguras el desbande
mi corazón sufría
y aunque mi cuerpo demande
se debate en agonía

El universo se enfría
y mi corazón más se abre,
termodinámica fría

esperando el gran desgarre,
vibración que se resfría
cuando mi cuerpo se arrastre
soportando la agonía
¡La entropía hizo el desastre!

Como no fuiste marido,
amante platónica escondida,
yo recuerdo lo ocurrido
amante siempre escondida,
escándalo acaecido,
escondida siempre escondida…
nunca lo hube digerido
del silencio y tu partida,
en mi mente reprimido,
del silencio que sostengo en mi guarida,
reprimida, reprimido
de impotencia compartida,
de lágrimas insaciables,
¡estúpida! ¡inmerecida!
pues nunca pude ser capaz
de darte toda mi vida.

Sí, preguntaste por mí,
he impotente eché mi huida,
porque mis perlas preciosas,
ya estaban comprometidas,
y no pude darte un beso,
¡cobarde emprendí mi huida!
Mi amor de juventud
¡dejaste grandes heridas!
que ni el tiempo las borró,
al contrario ¡fueron mías!
¡Anhelante está mi cuerpo
de la caricia escondida!

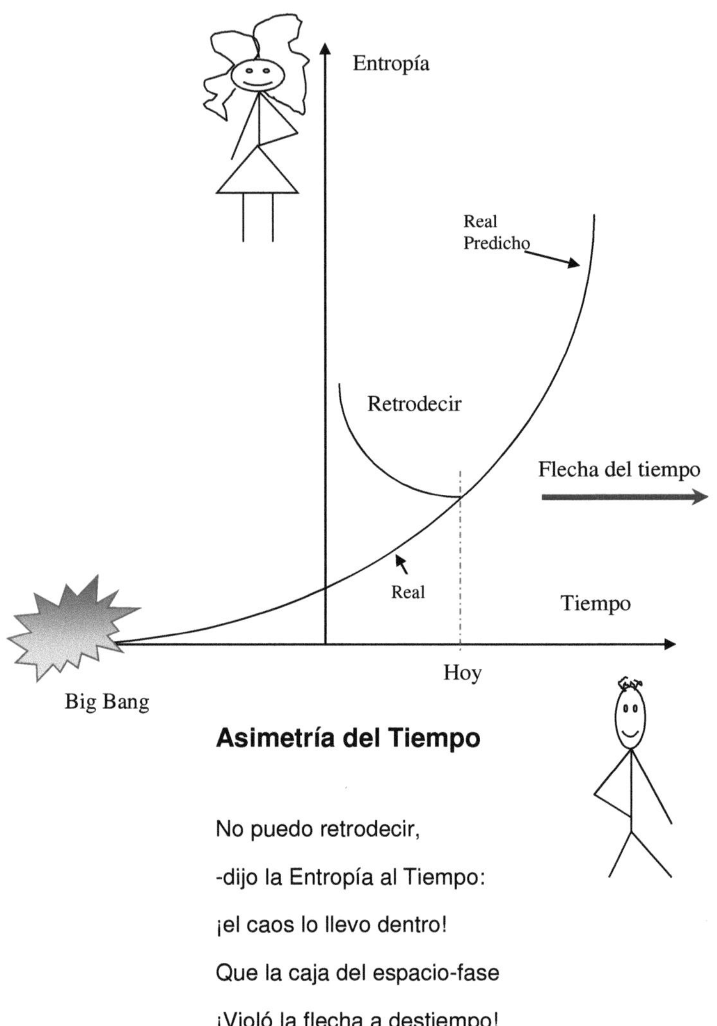

Asimetría del Tiempo

No puedo retrodecir,

-dijo la Entropía al Tiempo:

¡el caos lo llevo dentro!

Que la caja del espacio-fase

¡Violó la flecha a destiempo!

Entropía

¡Alto grado de desorden
el universo tenía!
Nos estamos congelando,
en una expansión tardía;
energía oscura conduces
a este mundo hoy en día,
a los confines futuros
aceleras tu partida,
la temperatura baja,
el mundo de hoy se enfría,
y la aleatoriedad aprovecha
el desorden cada día,
aquí la flecha del tiempo,
no controla su partida,
que, de universo ordenado,
se dispersa día con día.

¡Altos rangos de entropía!
que el grupo local de galaxias
aleatoriedad producía;
que en la Tierra radio galaxias
apuntan con energía.

Quizá exista ADN,
en la máxima entropía,
y se congelen los genes
¡muerte térmica vendría!
más no nos toca vivirlo,
el multiverso se enfría,
y la burbuja en que habitas,
se congela cada día,
las condiciones de tiempo,
nos predicen la entropía,
y segunda ley de termo,
ley de termo se impondría;
que no es el frío de mi alma,
el cautivo en mi agonía;
días soleados y hermosos
nos esperan todavía,
podemos vivir gloriosos,
generaciones enteras,
pues quizás tu gen no llegue
a perdurar aquél día;
Universo abierto existe:
¡ya presiento su agonía!

Capítulo II
De Inflación del Universo a Multiverso

…En las maravillas del origen de la noche, de la luz, del abrazo entre ambas, del tiempo, de la materia, de los latidos del corazón maravilloso de un Ser Humano. Todo esto es la autora. Esta obra es seguramente una aportación al conocimiento científico del origen del Universo de los cimientos de nuestra hermosa casa de estrellas y su autora es un Ser Humano que vive como buena hermana de las Constelaciones respetándolas a cabalidad y otorgándoles su merecido lugar en el Universo. Dios se encuentra no solo al final del túnel, sino también al principio, Dios está, ante todo, antes que el punto oscuro universal que un día, hace 13.82 billones de años explotó dando nacimiento al Universo… y nuestra querida Doctora y Maestra nos lleva de la mano por el conocimiento de las distintas etapas históricas y teorías que estudian la evolución del Universo, dando vida, respiración y movimiento al cielo abierto que tenemos sobre nosotros. Paso a paso, la Científica Cuauhtemense con fórmulas, dibujos y explicaciones racionales, nos muestra en su obra esquemas históricos de los posibles tipos de Universos que hasta la fecha ha propuesto la comunidad científica y astrofísica: pasando por las tres siguientes etapas: a) la historia completa de un universo cerrado, b) un diagrama de un espacio-tiempo describiéndonos el colapso de un hoyo negro y c) la historia de un universo abierto. Por estas páginas mágicas desfilan los altos conocimientos del prestigiado Dr. Stephen Hawking quien en su momento demostró que un hoyo negro emite radiación (1974); sus teorías dieron lugar entonces a lo que se ha considerado el origen del Universo todo, pero nuestra respetada autora asume tesis vanguardistas que nos hablan sobre los distintos y maravillosos sucesos que encontramos en cada hoyo negro tanto de las distintas galaxias como de la Vía Láctea, aquí se entiende el origen de nuestra propia historia mexicana que en forma deslumbrante nos describe Carlos Fuentes en su obra "Los Cinco Soles de México" al subrayar que: "…al principio, no había nada, entonces en la oscuridad, los dioses se reunieron en Teotihuacán y crearon la Humanidad. Que haya luz exclama el Popol Vuh, que ilumine la aurora, los cielos y la Tierra, cuentan las memorias vivas de Yucatán que el mundo fue creado por dos dioses, el uno llamado Corazón de los Cielos y el otro, Corazón de la Tierra y los antiguos mexicanos inscribieron el tiempo del hombre y su palabra en una asociación de cinco soles" El quinto Sol es bajo el que vivimos, dicen nuestras tradiciones y es el que corresponde al movimiento, como bien lo señala la Doctora en su libro, ese que significa creación y catástrofe al mismo tiempo. Y estas tradiciones nuestras parecen coincidir con las descripciones científicas que nos proporciona nuestra escritora Cuauhtemense para explicarnos el misterio de los hoyos negros. De la nada surge la Gran Explosión del movimiento y la Creación. Grandes científicos existen hoy, y grandes científicos también fueron nuestros ilustres antepasados mexicanos. La Dra. Corral, Premio Estatal de Ciencia, Tecnología e Innovación 2015 a la Trayectoria Científica, es una Cuauhtemense Universal, una ilustre estudiosa de lo que es importante para entender nuestro remoto pasado. Quienes la conocemos sabemos que en ella viven y conviven Ciencia y Corazón. Además de preocuparse por las dudas y explicaciones que existen sobre el origen de nuestro suelo y nuestro cielo, en su interior viven la poesía y la expresión estética. Nuestra admirada amiga deleita también el espíritu de sus lectores con poemas que visten los conocimientos de las matemáticas y la astrofísica. Interesante y preciosa es la poesía: "Oh Ley de la Censura Cósmica"; y el título de otro poema, impacta inmediatamente, dice o reza así: "Partícula de Dios, serena, abundante existes", y sus

retratos y dibujos enseñan también delicadeza y humor, elocuente es el boceto artístico de los protagonistas de la expansión del Universo…
Seguramente esta obra será referente en muchos aspectos para el mundo tan necesitado de luces humanísticas y científicas para vivir en paz y mejor.
Gracias Dra. Lety por su aportación al espíritu estudiantil que vive por siempre en nosotros: ¡los mortales!
Con Usted, uno siempre está aprendiendo a conocer los maravilloso y bello del existir.
Gracias por compartir su saber volcánico.
¡Es un orgullo formar parte de la Familia Estelar, gracias a Usted!

Fernando Suárez Estrada
Notario Público No. 2 de Cd. Cauauhtémoc, Chihuahua
Lic. en Periodismo
Precursor de la Educación Tecnológica de Cuauhtémoc, Chihuahua, México
Extracto de la Presentación del Libro "Un Presente para un Pretérito de Relatividad General" Un Quantum de Astrofísica que contiene poemas hermanos de esta obra
16 de agosto de 2018

Multiverso de Burbujas

Universos de burbujas,
universos de bolsillo,
ahora vivo en un castillo,
de burbujas estiradas,
que el multiverso me dio
burbujas inflacionadas;
y con esto abro mi libro
de expansión acelerada.

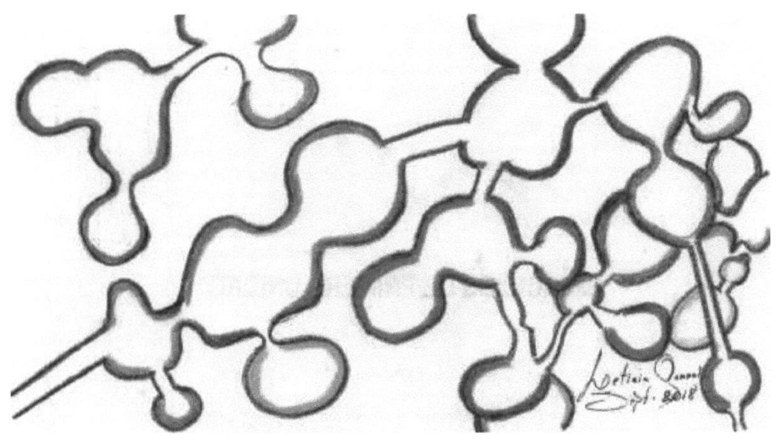

Burbujas en el Multiverso. Dibujo de la autora. Septiembre
de   2018

Autorreproducción desbocada

Picos sobre los picos,
señales en el espacio,
simulando estalagmitas
de autorreproducción desbocada,
por Guth está preparada,
inflación predestinada
de universos inflacionarios,
que Andrei y Dimitri Linde
¡presentaron computada!

Andrei Linde. Dibujo de la autora.

Septiembre de   2018

Burbujas del Multiverso

Multiverso que cobijas,
Burbujas como sortijas,
cubriendo el espacio entero,
desde esta enorme burbuja,
mi vida anhelante estruja,
vivir en plácido cielo.

Inflacionarios eternos,
de expansión acelerada,
universos tan pequeños,
que el "Bang" tiene controlada,
al inicio de su historia,
del universo visible,
imagen expandida existe,
de región puntual suavizada,
por esos rayos de luz,
uniformidad global,
quedaste espolvoreada,
por pequeñas irregularidades,
provenientes de fondo cósmico
esas grandes estructuras
que dan vida a Criaturas
quedaron diseminadas
en todas las direcciones,
hipótesis simple, compleja,
porción de universo visible,
expandida suavemente,
de minúscula región primordial,
que las regiones vecinas,
con inflación desigual,
en regiones homogéneas,
difieren en propiedades,
de nuestra región al inflar,
que los hijos de tus hijos,
quizá puedan observar,
lo que hoy la luz no alcanza,
¡No las podemos mirar!

Esta inflación tan caótica,
de nuestro universo joven,
padeciendo la inflación,
aleatoriedad idílica,

¿Influirá en las personas?
carácter voluble entona,
como una reacción bipolar,
burbuja del multiverso
que, entre galaxias y estrellas,
vida le diste al contexto,
aroma frágil de arribar.

Universo inflacionario,
otra propiedad incómoda,
Linde y Vilenkin vieron,
que la inflación reproduce,
copiando a otros induce,
es más: se autorreproduce,
en una eterna inflación,
y las burbujas brotaron,
el espacio abarrotaron,
en un multiverso en acción,
que al espacio-tiempo bajaron,
expandiendo la Creación.

La energía almacenada,
queda por fin destinada,
a otro "Bang" o explosión,
que nunca tantas burbujas,
habían entrado en acción,
concretas en Multiverso,
de esta tu eterna inflación.

Inflación busca expansión,
en subregiones
de región inflacionada,
autorreproducción sagrada,
que al infinito llevara,
en esta eterna inflación,
que ni el futuro pensara,
que el destino preparara
las burbujas de a montón,
que hacia el pasado se extienden,
en descarada aleación,
Multiverso así te extiendes,
con tus brazos tú transciendes:
materia, espacio y Creación,
que en la burbuja que habito,
sin límite al infinito,
te completo la función,

que multiverso no entiende,
de principio en su mansión,
y al futuro le extiende,
sus burbujas en acción.

Que un Multiverso global,
de universos burbuja,
permita vida en su andar,
con generosas galaxias,
estrellas, planetas, masas,
diste vida así sin par.
En este tejido cósmico,
¿qué lugar nos toca usar?
Si en el tejido creciente
inteligencia se vierte,
en un efímero andar,
en este fragmento pequeño,
que habitamos en la Tierra,
mi alma alto se eleva,
para luego marchitar,
¿Qué es el hombre que da vida
luchando en una partida
en este juego de azar?
Si estamos en una burbuja,
de una expansión permanente,
de una inflación procedente,
que tejió el cosmos potente,
¡Autorreproducción caminar!
Multiverso de burbujas,
existes en simulación,
teoría física está a un paso,
de ansiosa experimentación,
cantidades de inflación,
ocurren en distintos lugares,
en espinas de colinas,
espinas sobre espinas,
simuló Linde tu acción:
universo de Kandisky,
escultura de Splotch de Sol Lewitt,
¡Multiverso te bifurcas al infinito sin son!

Alexander Vilenkin. Dibujo de la autora. Septiembre de 2018.

El Espacio-Tiempo

A quince billones de años luz,
los confines del universo visible,
yo me quiero transportar,
de mi presente imposible,
queriéndome abandonar,
a la mayor velocidad posible,
cinco billones de kilómetros,
me bastan para recorrer,
nuestro sistema solar,
para luego emprender,
el viaje hasta ahora imposible,
barriendo doscientos mil años luz
Vía Láctea ¡por fin libre!
De los tormentos que acosan,
mi vida que creo ya no existe.

Quisiera ser la materia,
para curvar el espacio,
cerrándolo sobre sí mismo;
incluyendo ahí mis penas,
impidiéndoles salirse,
pero el espacio se curva,
sin permitirme salirme,
pues mi materia es muy poca,
diluta, pequeña existe,
que el tiempo congelará,
si el universo abierto persiste.

No podré ser rayo de luz,
en universo cerrado,
recorriendo la circunferencia,
que me tiene confinado,
por miles de millones de años,
llegando al origen dado,
¡Hay universo cerrado!
jamás te habrás separado,
como el universo abierto,
que el destino me tiene preparado,
pues como rayo de luz:
¡El infinito he escalado!

Universos Paralelos

El sentir que tengo una doble,
Otro yo en otro universo,
una copia indestructible
una pintura de mi anverso
mi Ser identificable
complemento de mi reverso
mi Ser intransitable
del paralelo Universo.

En el mundo paralelo,
que vive en el mismo tiempo,
una copia de mí mismo,
¿Me sortearé en este invento?
violando la impenetrabilidad,
que la simultaneidad
no me permite en mi mundo,
¿Pero qué tanto es esto?
si millones de partículas,
acarician hoy mi cuerpo,
invisibles para mí,
más allá de mi intelecto,
penetrando el universo,
que los científicos de hoy,
solo la nombran con tiento:
energía oscura invade,
más allá de nuestros cuerpos,
que el vacío queda ya,
¡Arropando el universo!
y en un mundo paralelo,
complicó todo mi verso.

Teoría Elegante de Cuerdas

De cinco teorías de cuerdas,
compartiendo afinidades,
a excepción de matemática,
ante una pared de espejos,
estaban diferenciales,
cinco enfoques de un concepto,
que unificó Edward Witten,
naciendo así la teoría,
con una M compiten,
aunque su nombre les suene,
M invertida de Witten,
con sus 11 dimensiones,
las membranas extrajiste,
del estiramiento de cuerdas,
¡Membrana gigante persiste!
¿Será que nuestro universo
dentro de membrana existe?
Witten: ¡también sorprendiste!
en rebanada de pan,
nuestro universo metiste,
donde cada rebanada,
¡Universos paralelos viste!
con numerosos vecinos,
seguro nos confundiste,
pero si esto persiste,
universos muy extraños,
y muy parecidos diste,
dimensiones adicionales,
a los vecinos cubriste.

Vivimos en una membrana,
con membranas paralelas,
que no podemos tocar,
más nos toca intercambiar,
ondas gravitacionales,
medio de comunicación,
entre membranas vecinas,
como queriendo influenciar,
¡Nuestras membranas divinas!

Y aquí termina esta historia,
con dos membranas que albergan,
Universos Paralelos,

precipitándose luego,
una sobre otra en juego,
como si fuera un Big Bang,
aventando masa ardiente,
colisionando de nuevo,
y repitiéndolo luego,
¡Con frecuencia impredecible!
Ya mejor no entro a este juego,
de las membranas de Witten,
qué ironía así compiten,
¡Calificando: repiten!

De Inflación a Multiverso

Y aquí estoy…
Viendo pasar frente a mí,
la vieja luz del Big Bang,
reminiscencia de calor,
radiación de cuerpo negro,
de Planck a todo esplendor.

Quisiera abrir la cortina
de un telescopio potente
que diera luz a la impronta
para poderla observar,
como un satélite hace,
en un viaje satisface,
espectro de fondo cósmico
intensidad versus frecuencia
que de aquélla turbulencia
es su natural esencia.
Satélite corrobora,
la teoría de la inflación,
que Alan Guth supo plasmar,
con diversas ecuaciones,
que Planck ahora transmite,
¡Con diversas soluciones!

Pero un secreto asombroso,
guardaban sus ecuaciones,
de todos los universos,
aglutinadas burbujas
con distintas soluciones.

El final de la inflación,
no sucede en todos lados,
sucede aquí, allá no,
estallidos por aquí,
estallidos por allá,
gran explosión de a montones,
produciendo un multiverso,
¡Hay que eternas expansiones!

Linde y Vilenkin traducen,
en eternas inflaciones,
afuera de estos universos,
energía sin descargar,
aprietos de espacio interpone,
expandiéndose veloz,
descargándose en Big Bang:
¡las grandiosas explosiones!
semejando al queso suizo,
queso de Einstein y Straus
¡inició sus vibraciones!
hay Multiverso que hoy:
¡En aprietos tú nos pones!

Diez a la Quingentésima

Estas otras dimensiones,
que nos da teoría de cuerdas,
¡Tantas formas enroscadas!
vieron la luz en potencia,
que hubo teóricos que encontraron,
¡Diez a la quingentésima!

Los teóricos de las cuerdas,
predicen muchos vacíos:
hay quizás diez a la quinientos,
por decirlo así de amables,
que en estados meta estables,
con larga-vida cilicios,
quingentésimos de bolsillo,
que, en escenario de anillo,
sustratos de universos,
enroscaron todo brillo.

Diferentes universos,
postulados en teoría,
energía oscura invadiría
seguro aparecería
densidad masa-energía
que la cuerda albergaría.

Y así en un multiverso,
tres líneas coincidirían:
inflación eterna,
energía oscura y
teoría de cuerdas,
la patria que los humanos,
es seguro habitarían.

Y así entre esos universos,
uno como el nuestro habría,
como los juegos de azar
se repiten cada día,
que el mazo de naipes da,
n copias por partida,
no te asombres si te encuentras,
tu copia idéntica al día.

La constante cosmológica:
energía oscura del universo,
no descubre experimento,
error de Einstein "¿inmenso?"
se fue con esa creencia,
de esa fuerza repulsiva,
que contrarresta atractiva,
al estático universo.

Hoy se descubre en las cuerdas,
con un valor tan pequeño,
que acelera el universo,
quitando por eso el sueño,
de predicciones astrofísicas,
hoy disgrega el universo,
que determinará si muere,
en el fuego o en el hielo,
energía oscura se impone,
sobre la materia oscura,
expansión exponencial segura,
que al no cambiar este signo:
gravitación atrayente,

se nos funde en un abismo,
frío y muerte inteligente,
congelará la consciencia,
con esa energía oscura,
de tan buscada teoría:
"Del todo"
llamada un día,
para comprender
¿tardía?
la historia del universo,
comportamiento completo,
que nos permita el sustento,
¡Tan buscado todavía!
Aunque nada ganaría
el hombre en su afán ese día,
¡Antes se congelaría!

Omega de Universos

Parámetro de densidad
Curvatura del universo
Cociente de densidad
Omega de masas diverso
Sumas de densidad
Masa ordinaria adverso
indestructibilidad
luz y neutrino diverso
expansibilidad
energía oscura intenso.

Es la tasa de expansión,
que mide con precisión,
todo tipo de universos,
si es cerrado o es abierto,
o si es plano el multiverso,
cociente de densidades,
número exacto y conexo,
que, en universo temprano,
la unidad expresa nexo,
con galaxias y planetas,
estrellas en el contexto.

Todavía más aún,

el experimento explica,
satélite Planck indica,
¡También omega hoy es uno!
Soporte observacional,
cociente de densidades,
actual y críticos iguales,
mecanismo de inflación,
cumple con esa misión,
de densidades iguales.

Universo cerrado: contracción

El universo se cierra,
materia del cosmos preserva,
galaxias y estrellas encierra
el espacio las conserva.

El universo se cierra,
casi cierra sus extremos,
esfera perfecta espera,
universo finito acierta;
el Big Crunch ya se acerca
se congelan hoyos negros
el Universo se contrae
¡y la densidad aumenta!
Materia gana al espacio,
todo lo aglutina dentro,
¡Hay universo cerrado!
cambio de signo asignado,
no sé qué será peor,
si congelarme en el tiempo,
o comprimirme fundiendo,
¡Todo esto que llevo dentro!
¡Universo cerrado es esto!

La burbuja en que habitamos

Habitamos la burbuja,
dentro de este multiverso,
inflación eterna de Alex,
Linde predijo transverso.
Que Alan Guth con la inflación,
indujo al temprano universo,

que de pensar en que existo,
¡Debí venir del silencio!

Cosmología inflacionaria,
que la teoría del Big Bang,
convencionalmente no explica,
¿Qué causó tal expansión?
de esa multicitada explosión,
por eso en evento precede,
explicando la inflación
de aquella gran explosión:
¡Gravitacional repulsión!
energía y densidad,
campos gravitacionales diere,
y la presión negativa,
implica gravedad repulsiva,
¿Cómo puede estar tan viva?

Esta presión negativa,
con energía potencial,
divino campo escalar,
creando falso vacío,
caótico grande o pequeño,
escenario inflacionario
¡Diste la vida en un sueño!
para nada estacionario
¡"bang" de universo temprano!

Repulsión gravitacional,
esta presión negativa,
expansión exponencial,
diste a la luz: ¡positiva!

Rodando por la colina,
cual sombrero mexicano,
el campo escalar venía,
oscilando en la mínima energía,
como una sopa caliente,
que el falso vacío urdía,
que alcanzara el equilibrio:
térmico, según podía,
y la densidad de energía,
de aquél campo escalar,
seguro intercalaría
¡inflación acicalar!

¡Y la energía total se hizo cero!
Pues compensada estaría,
la energía positiva,
del campo escalar al día,
con la energía negativa,
de campo gravitacional,
que la cosmología estándar,
volvió observacional.

Evidencia de inflación,
fondo cósmico daría,
pues la uniformidad a gran escala,
latente se mantenía,
y así que la planitud,
pronto se resolvería,
pues la densidad de masa,
a la crítica alcanzaría.

La planitud excedida,
del universo temprano,
densidad crítica haría,
durante billones de años,
como estamos hoy en día

Ondas gravitacionales
predichas por Einstein-Rosen
que LIGO experimentó,
colisión de hoyos negros,
patrones de remolinos,
evidenciado genuino,
soporte observacional,
en favor de la inflación,
que, al universo temprano,
¡Alan Guth no sembró en vano!

Después de la vida media,
mitad de materia inflada,
en una inflación eterna,
produciendo las burbujas,
que albergarían universos,
universos de bolsillo,
que Linde con tanto brillo
plasmara en estribillo
que Vilenkin lo advirtió,
multiverso así nació,
burbujas de espacio-tiempo,

quizás vivamos en una,
repitiendo algún evento,
como en partidas de naipes,
se repiten en silencio…

Capítulo III

Poemas procedentes de la Relatividad Numérica

Esta obra es una delicia para cuando lo estás leyendo con un café... pero un café que no te va a llevar un ratito, sino que te va a llevar un buen tiempo, porque este libro abarca desde los inicios, desde la concepción del universo hasta las últimas teorías...

Si conociereis el infinito Universo en que vivimos, verías que tenemos un concepto más alto de nosotros con respecto a lo que somos en el punto del espacio-tiempo que nos toca ocupar.

El Universo, dónde se originó, de dónde venimos, hacia dónde vamos. Cuando tu observabas el universo en tiempos atrás, lo que alcanzaban a ver a simple vista del horizonte, era su Universo, entonces llegaron gentes como William Herschel para diseñar nuevos telescopios y el horizonte se hizo cada vez más lejano, se veían estrellas que antes a simple vista no se veían, fue así como fue avanzando el conocimiento sobre el Universo que habitamos...

En México, los mayas, los aztecas... fueron grandes astrónomos...   -y como buenos mexicanos, vaya que lo traemos en la sangre, pero la autora, como excepcional mexicana, lo trae en la sangre de una manera brutalmente enaltecido; y ahora que se dedica al campo de la astronomía es algo fabuloso.

La maestra, la imagino, por las métricas que habla en su libro, que significa como el modelado matemático de una ecuación para saber cómo se va a comportar algo y que tú esperas algo, se tiene que imaginar las cosas.

Einstein fue un físico teórico, Einstein tuvo la magnificencia de que él se imaginaba fenómenos que los experimentos corroboran. Él no los hacía, por ejemplo, se imaginaba una persona que estuviera en una caja y el no veía hacia el exterior, entonces empezaba a flotar si estaba en el espacio. Si la caja la acercaban a un planeta, la persona tiende a caer por la fuerza de gravedad, pero, ahora la alejas ¿y qué pasa si aceleras a la caja? Tiene el mismo efecto, la persona se va hacia el fondo de la caja. Entonces por eso la aceleración y la gravedad son lo mismo. Todo eso Einstein estuvo imaginándose, cientos de experimentos, entonces para ser físico como la autora, los grandes científicos... hay que tener una increíble imaginación.

Si hubiera una puerta y te dijeran: cruzando esa puerta vas a encontrar todas las verdades ¿entrarías? ¿Sí o no? de todas las preguntas, de la existencia de todo: sí ¿no?

Pero ahora ¿Qué pasaría si te dijeran: si cruzas esa puerta, vas a encontrar la respuesta a todas tus preguntas, pero ahora ya no hay ningún regreso ¿entras o no entras?

Yo no entro.... Estamos haciendo la analogía de lo que es un agujero negro. Lo que entra a un agujero negro no tiene regreso.

En la escuela cuando estábamos trabajando en Física ¿Qué nos enseñaban? Que el núcleo del átomo está compuesto de protones y electrones, la pregunta: si el núcleo del átomo tiene la carga positiva de los protones ¿por qué no se separan? Tienen que repelerse porque tienen cargas iguales. Entonces hay otra subpartícula, debe existir algo que se llaman los gluones que son los encargados de mantener a los protones unidos en el núcleo del átomo: la fuerza electromagnética fuerte.

La autora habla de métricas, habla de singularidades... ¿Qué es una singularidad? Por ejemplo, si hablamos de cálculo diferencial, lo primero que te topas es con los limites, y te dicen: cuando tal limite tiende a cero, existe algo que no debe de ocurrir porque la ecuación se indetermina…

Una singularidad, es algo que es extraño en el universo. Un hoyo negro es una singularidad, absorbe la materia de su territorio, ni la luz puede escapar. El horizonte de sucesos, el radio de Schwarzschild…. Si tú pasas el radio de Schwarzschild te conviertes en una singularidad dentro de un tipo de hoyo negro puntual, ya no regresas, rebasaste el punto de no regreso. Sin embargo, un observador externo observa que el tiempo cada vez es más lento para tu caída en el horizonte de eventos de un hoyo negro, nunca caes, mientras que tú ni siquiera alcanzaste a percibir dicha dilatación del tiempo cuando ya estás hecho un espagueti dentro del hoyo, esto es, si tu acompañas al hoyo en su contracción.

¿Qué es una singularidad desnuda? Un hoyo negro sin horizonte de eventos, Teorema de No-Hair… Censura cósmica…

No toda la materia que penetra en un agujero negro es absorbida por él, el agujero expulsa la materia que ya no le cabe en forma de jets o chorros.

En este universo que habitamos ¿iremos a llegar al Big Crunch? o ¿el universo seguirá expandiéndose infinitamente? En el Big Crunch las galaxias en lugar de estarse alejando estarían frenándose debido a la fuerza de gravedad, pero hoy por hoy la expansión del universo domina, y lo hace en forma acelerada. Y caso contrario, en el inicio todo fue orden, y de hoy en adelante ¿todo será un caos?

En su libro, la autora menciona que Einstein modeló en un principio un universo estático al que le adjuntó la constante cosmológica que él mismo concluyó que fue el peor error de su vida cuando Edwin Hubble demostró experimentalmente que el universo se expande, aunque Lemaître primero resolvió las ecuaciones de la Relatividad General de Einstein prediciendo la expansión del universo, aunque nunca se le haya reconocido en todo su rigor… Esa constante cosmológica que removió Einstein de sus ecuaciones ahora se barajea como la energía oscura contenida en el universo en que habitamos. Al parecer, Einstein hasta cuando se equivocaba, de alguna manera acertaba… El universo se está acelerando, debe haber una fuerza que lo esté moviendo

Este libro para digerirlo hay que leerlo con un buen café, no en una semana, no en un mes, este libro para digerirlo ¡hermoso! En un año, dos años, porque para digerirlo, es un libro que vale la pena saborearlo de inicio a fin y a tus hijos que no se quieran dormir, léanle un poema de la autora, seguro dormirá soñando las estrellas hasta posar en alguna de ellas...

José Martín Berlanga Reyes
Profesor del Instituto Tecnológico de Cd. Cuauhtémoc
Extracto de la Presentación del Libro "Un Presente para un Pretérito de Relatividad General" Un Quantum de Astrofísica que contiene poemas hermanos de esta obra
16 de agosto de 2018

Los Hoyos Negros no tienen Pelo

Una estrella moribunda
el triple de la masa del Sol
No hay fuerza que la detenga
No hay una tal excepción
Que de la naturaleza sabia
Detenga tal erupción
Cayendo en región tan pequeña
Que los fotones de luz
lograrán salir de ella
La contracción que destella
Invisible esconde huella
al observador curioso
que anda tras ella con gozo
queriendo alcanzar la estrella
que esconde como centella
en una singularidad bella
quizá cayó al horizonte
que al agujero negro esconde
¿dónde detectar su huella?
aunque se formó de ella
hoyo negro traga estrellas
y las vomita al espacio
en los chorros de acreción
pues ya lleno de materia
los jets son su emisión
su desnudez expondría
en determinada misión
desnudo nunca estaría
¡Censura Cósmica acción!

Al fondo cósmico de microondas

Vieja luz aún no extingues,
calor de gran explosión,
posicionada en el tiempo,
de la elegante Creación,
con temperaturas comunicas,
y a los mortales implicas,
en complicada cuestión,
que la inflación espera atenta,
¡Evidencias de tu rol!

Rizos en pequeña escala,
no uniformidad detona,
en una parte en cien mil,
cuánticas fluctuaciones,
genéricas predicciones,
espectro de ondulaciones,
trae a colación inflaciones,
evidencia y bendiciones.

Ondas gravitacionales,
en el fondo cósmico de radiación,
evidencia la ocasión,
que BICEP2 nos impone,
patrones de remolino,
que inflacionistas alaban,
¡Con un gran vaso de vino!

Oda a la energía oscura

No la vemos, la tocamos.
Nos circunda por doquier,
astrónomos detectaron,
que ni la gravedad la frena,
esta expansión se acelera,
por efecto de energía,
de tan citada teoría
la ley de Hubble impondría,
una variable constante,
que decrece día con día,
porque el radio de universo,
acortándola varía.

Este tipo de energía,
está alejando galaxias
que grupo local resiste,
pues por sobre la materia oscura
energía oscura persiste
con un número pequeño,
a una tasa de un punto
ciento veinte ceros y un uno,
estrella y galaxia existe,
que no serían sin un cero
las masas que antes fueron,
¡Hay constante cosmológica!

¿Por qué hasta ahora persistes?
¡Error de Einstein no existe!

Y así con ese fracaso,
de magnitud de constante
cosmológica surgía,
pero esto no se compone
borrando ceros daría,
universo sin galaxias,
planetas ni estrellas habría,
¡La vida no existiría!

Comprendo que, del entrelazamiento,
las nuevas cuerdas surgían,
ese tipo de ingrediente,
que a muchos confundiría,
vibraciones de partículas,
dimensiones surgirían,
creando así el multiverso,
¡la Tierra que habitarías!

El movimiento de cuerdas,
en sus nueve dimensiones,
encogiéndote verías,
dimensiones enroscadas,
en los puntos del espacio,
por doquiera observarías,
como nudos invisibles,
tan pequeños perderías,
pero rasgos de universo,
¡De dimensiones verías!

Patrones de vibración,
detonan en dimensiones,
cuerdas vibran en silencio,
determinando los rasgos,
que acumula el universo,
y la energía oscura extiende
¡sus brazos al multiverso!

Los Universos

Pasando por Aristóteles,
y entreviendo a Ptolomeo,
aterrizo con Copérnico,
¡El Sol en el centro veo!

En la historia sigue Newton,
teoría clásica entrega,
que las órbitas son elípticas,
circulares no concuerdan,
Copérnico no te aflijas,
que, en el foco de la elipse,
¡El Sol fascinante existe!

Retratos de la Vía Láctea
imágenes de Thomas Wright,
que las estrellas no están,
en aleatorias posiciones,
Wright así las describe:
¡en verdaderos patrones!

Pero el Universo Fénix
viene con Immanuel Kant,
brillo candente de estrellas,
cercanía o lejanía de ellas,
que al observador imponen,
que el marqués Pierre Laplace,
en su nube giratoria de gas,
al sistema solar expone.

Y las nubes de materia,
y la implosión a su centro,
de las masas gigantescas,
Lord Kelvin fue el visionario,
de aquéllas masas grotescas,
conocidas irregularidades:
¡Planetas, galaxias frescas!

Este caos que hoy emana,
cualidad de la energía,
que Rudolf Clausius llamara,
su destacada: ¡Entropía!

Inexorable aumento de entropía,

¿Del "Bang" surgiste aquél día?
aumentando el desorden,
del orden que ahí existía,
que ni Weyl ni Ricci resisten,
¡De cualquier forma se impondrían!
O pregúntenle a Penrose,
que defiende esta teoría.

Y así llegó Samuel Tolver,
muy centrado se veía,
observaba universo visible,
pensando que poco podría,
decir del comportamiento,
con tan poco que veía,
pues quien diera conclusiones,
no cabe duda: mentía.

Las geometrías no euclídeas,
curvaturas positivas como esfera,
y la silla de montar curvatura negativa espera,
un sabio del universo que al universo le diera,
revolucionó la noción,
del universo en esa era,
fecundo en su existencia,
Nobel no recibiera,
pues murió en años mozos,
antes de alcanzar la estrella,
Karl Schwarzschild la recibe,
¡En los cielos y en la Tierra!
Que Marcel enseñó a Einstein,
el legado que él le diera,
Einstein pudo resolver,
sus complejas ecuaciones,
rodeado de matemáticos:
Ernst Straus, Marcel Grossmann,
pues físico Einstein era,
y la "hechicería matemática",
hombres sabios la vertieran,
en el cerebro brillante,
extraordinario y grande,
mente de talla elegante,
¡Como sólo Einstein era!

Las ecuaciones de campo,
que Einstein le diera a la Tierra,
rebasan exogalaxias,

universos de bolsillo,
colisión de refilón
de dos universos burbuja,
el queso suizo de Straus,
universos de colisión,
universos fugitivos,
y hasta universos cuánticos;
De Sitter, Tolman y Kasner,
Lifshitz, Gödel y Linden,
universales universos,
algunas soluciones encierran,
burbujas del multiverso,
que a la vida nos aferran.

Iniciamos con el estático,
universo homogéneo y simétrico,
que Einstein quiso modelar,
sin límite "universo eterno",
y constante cosmológica,
"su error" dijo su lógica,
igualando repulsión,
Lemaître se lo advertía;
que el universo expandía,
espacio se extendería,
esa tasa calcularía,
con extrema precisión,
experimento de Hubble:
¡auténtica comprobación!

Universo de movimiento sin materia
de De Sitter,
que a la ciencia presentó,
expansión acelerada
que a la densidad retaba,
cumpliendo así su función,
ni pasado ni futuro
¿Cuál es la preocupación?
que un universo oscilante,
un universo en expansión,
ejercicios de una clase tuvieron tal precisión,
que un talento tan grandioso
el Dios Todopoderoso
consagró su bendición:
Alexander Friedmann;
¡Grandiosa es tu solución!
pues de esa gran explosión,

terminó en gran implosión,
cálculos matemáticos:
adelante y hacia atrás,
maravilla de universo cíclico,
diste a la ciencia al compás.

Es un universo aburrido,
pasado y futuro es lo mismo,
sin un principio ni un fin,
densidad de densidades,
¡De Sitter plasmó sinfín!
Pero Lemaître propone,
densidad de "huevo cósmico",
un "átomo primigenio",
¡La materia en su confín!
El universo se expande,
visión de mente brillante,
esplendorosa, chispeante,
resplandeciente, deslumbrante.

Expansión eterna,
energía de escape,
Einstein-De Sitter te atrape.

Universo oscilante de Tolman,
aumento de la entropía,
que la energía provoca,
que cada ciclo crecía,
¡La contracción vencería!
Nunca jamás se expandió
hasta que Barrow vendría,
a rescatar ese ciclo,
que ¡Nunca se contraería!

Universo estrafalario,
Lemaître-Tolman escenario,
variable en sus densidades,
matemáticamente se muestran,
estas irregularidades.

Universos egoístas,
de Arthur Milne y William McCrea,
no usaron las ecuaciones de Einstein
aunque no crea,
usaron las ecuaciones,
que Newton con afán recrea,

la gente de todo se entera,
y esta acción matemática,
¡universo Einstein-De Sitter crea!
Ironías de la vida,
la vida todo lo espera,
que las ecuaciones de Einstein,
¡Preludio de las estrellas!
y constante cosmológica,
permite que se vean más bellas.

Expansión eterna
a la velocidad de la luz,
que el universo de Milne
corriendo dejó el trasluz.

Más Einstein vuelve a encestar:
¡Resolvió sus ecuaciones!
Tomado de la mano de Rosen,
universo ondulante proponen,
que diera al mundo la luz:
¡A las ondas gravitones!
nuevamente su teoría,
confirma sus grandes glorias,
es por demás la elocuencia,
que Einstein le da a la historia,
y aquí podríamos seguir,
hasta llevarlo a la Gloria,
que Dios con su mano santa,
concedió grande victoria,
un cerebro sin igual,
plasmado en nuestra memoria.

Universos de gigantes:
de Kasner, Dirac y Straus,
Universos de Lifshitz,
¡Universos perturbados!
Universo cuántico de Schrödinger,
de Misner Universos caóticos,
magnéticos de Kip Thorne,
que el rotatorio de Gödel
¡Viajes en el tiempo retorne!

Universo inflacionario,
de Alan Guth escenario,
límite del colapso-expansión,
dentro de su corazón,

se expande a todo lo ancho,
al pasado y al futuro,
sus ramas extienden franco,
y las burbujas en ellas,
meciendo abren su manto,
inflación da multiverso,
de universos inflacionarios,
autorreproducibles eternos,
universos de burbuja,
de multiverso escenario,
que diera vida Vilenkin,
y Linde escribiera en diario.

Universo de volante de bádminton
de Hawking-Hartle,
con su tiempo imaginario
volcándose en el espacio,
"La breve historia del tiempo"
de Hawking: ¡El Centenario!

Hay universo fractal,
que Carl Charlier nos legó,
poniendo fin al problema,
donde las ecuaciones de Einstein,
espacio infinito entregan.
Universo de los cúmulos
el sentido de la noche,
de cielo oscuro hizo derroche,
densidad cero reproche,
elegancia de Charlier,
que aquí cerramos con broche.

Entrelazamiento (Entanglement)

Dos partículas comunicándose,
a través de misteriosa acción,
Einstein aprovechó la ocasión,
señalando equivocación,
en charla amena con Bohr.
Esta vez Bohr tenía razón,
que Bell diera en resultado
de tan maravillosa acción.

Experimentos separados,
darían la misma versión,
partículas entrelazadas,
tenían que ser comparadas,
para probar bella unción.
Es el espíritu que habla,
cuando dos almas gemelas,
que ni tiempo ni distancia,
separa su propia unión.

Influencia directa de partículas,
que en ellas imprime control,
Einstein llamó "espeluznante"
esta acción alucinante
que tiene su propia función.

Esta vez la matemática,
de la mecánica cuántica,
¡Imprime calificación!
El experimento de espacio,
distancia a todo lo ancho,
removió toda la duda,
de misteriosa cuestión,
pues la mecánica cuántica,
resulta ser verdadera,
en extraña situación,
Así que cualquier duda,
¡Bell te da la solución!
pues una partícula dada,
resulta ser afectada,
por partícula distante,
de la que está separada.

Capítulo IV

Poemas de Objetos Astrofísicos que predice la Relatividad General

Cómo no sentir orgullo y hasta una gran satisfacción de tener gran ocasión y poseer tan magna honra para familiar presentación, y para tal efecto, solo le he de pedir a la Dra. Corral, permiso se me autorice para citar en el acto a sus dilectos amigos y hagan su formal presencia en este sagrado recinto el mismísimo Albert Einstein pasando por un Penrose y asimismo, Stephen Hawking, y sin hacer mucho alarde, tampoco podía faltar, hablando de gravedad, el singular Isaac Newton y de seguir navegando de un presente a futuro pasando por hoyos negros, llegando al bosón de Higgs que entre científicos es cual partícula de Dios, que serena abundante existes… ella sí sabe, la Dra. Corral…

…Es así de altísimo nivel esta singular obra científica que hoy la Dra. Corral otorga a la comunidad mundial de investigadores. En lo que concierne a hoyos negros, agujeros de gusano, el bosón de Higgs o partícula de Dios y como a la vez, la Dra. Corral nos lleva de la mano y así, sin ser doctos en la materia nos induce a percibir que todo pudo iniciarse a partir del Big Bang y además asegurar que la edad del universo podría rondar en los 14 billones de años…

Y mucho habría que comentar, que como la Dra. Corral logra con esta obra ponerse a la altura de los grandes científicos de todo el mundo y de todos los tiempos y no solo eso, sino que se permite cuestionar a Stephen Hawking y a su ídolo preferido Albert Einstein con todo y su teoría de la Relatividad, del cual se da el lujo de dibujarlo con buena precisión y también honrarlo con variados poemas…

…Con esto finalizo… que la Patria se lo premie y la pléyade científica por fin, se lo reconozca.

Humberto Ramos Molina
Presidente Municipal de Cd. Cuauhtémoc, 1983-1986
Precursor de la Educación Superior Tecnológica en la Región Noroeste del Estado de Chihuahua
Luchador Social Incansable
Extracto de la Presentación del Libro "Un Presente para un Pretérito de Relatividad General" Un Quantum de Astrofísica que contiene poemas hermanos de esta obra
16 de agosto de 2018

A Albert Einstein

No tuvo una vida simple,
estuvo llena de contrastes,
común denominador:
¡Imaginación constante!
El amor por el estudio,
de los fenómenos físicos,
que ocurren a la materia,
en el espacio-tiempo continuo,
en el mundo de lo grande,
macroscópico, elegante,
que con ecuaciones plasmó,
Albert Einstein: ¡Un baluarte!

Científico del universo,
que a gran escala comparte,
determinismo apreciable,
ecuación insuperable,
de mente privilegiada,
de muchas generaciones,
absorto en las ecuaciones;
pero al final de su vida,
causas sociales sustenta,
que la Humanidad atenta:
¡A este gigante patenta!

No solía ir a las reuniones,
en el Instituto Bohr,
universidad de Copenhague,
en la calle Blegdamsvej,
centro clave de lo cuántico,
microscópicos contrastes,
que el determinismo a Einstein,
lo puso en grandes debates;
y aunque el instituto atrajera,
a físicos de renombre:
Werner Heisenbeng, Wolfgang Pauli, Max Born…
Albert Einstein compartió una amistad muy grande,
con el Grande de Niels Bohr:
¡Como un colega entrañable!

Cuando salió de Alemania,
calor abundante halló,
en New Jersey bendita,

que la mano le tendió,
al gigante de Albert Einstein,
mientras Heisenberg contrito:
¡de Alemania no salió!

Einstein ya llevaba en mente,
una teoría que ligara,
a la mecánica cuántica,
del mundo de lo pequeño,
con relatividad general,
esta teoría de su sueño,
en un campo unificado,
¡Vivió la vida marcado!

Con efecto fotoeléctrico,
ganó el Nobel esperado,
que la elocuente relatividad,
soberbia hubiera logrado,
pues cada vez se reconocen,
más cosas de su legado,
hasta llegar a las ondas,
¡Que él y Rosen modelaron!
Sus intentos de unificación,
de dos teorías respetables,
resultaron infructuosos,
qué versión yo te contare,
del gigante hombre de ciencia,
que luchó por causas grandes,
en pro de la sociedad,
de los judíos emigrantes,
que en el territorio nazi,
peligro inminente nace,
realizando cuanto estuvo,
en su mano con su escudo,
quiso detener la bomba,
defendió a la Humanidad,
de todos aquéllos desastres,
que la guerra inmiscuía,
su ecuación se lo advirtió:
¡No debe usarse en combates!
Mientras que Heisenberg y Bohr
perdían amistades grandes.

Mucho luchó por su prójimo,
a más no poder se expuso,
en la política anduvo,

luchando como un guerrero,
que lo hace misionero,
de la paz en este mundo.

No pudo poner atención,
en su campo unificado,
teoría que hubiera acariciado,
si no existiera la guerra,
circunstancias en su vida,
que desviaron su atención:
su salida de Caputh,
donde la calma reinaba,
dio un vuelco en su corazón,
al tiempo en que aceleraba,
preparando su salida,
de esos lagos sagrados,
bosques por él adorados,
por él y Elsa disfrutados.

Más todo esto combinando,
amenazas a judíos,
Segunda guerra mundial
que Adolfo Hitler urdía,
implicaba guerra fría,
y así se despide en púbico,
a nuevas tierras iría,
mientras Estados Unidos,
¡Jubiloso lo acogía!

Antes de esta salida,
Einstein se unió a la política
por una causa judía,
luchando junto a Chaim Weizmann,
Estados Unidos recorría.
También previno a Winston Churchill,
lo que Adolfo Hitler en manos traía,
Que la Reina Elizabeth de Bélgica,
respaldándolo acabaría.

Este clima de inseguridad,
produjo en Einstein tristezas,
renunciando a su país,
se fue dejando sus huellas,
que Estados Unidos acogió:
¡Alzándolo a las estrellas!

Hoyos Negros

Concentración de materia
en un punto ahí escondida
deformando espacio-tiempo
no te reconocería
jalándome a tu interior
te daría toda mi vida
más la libertad deseo
antes que morir en vida
que ni la luz escapó
al caer a ti rendida
hoyo negro así es tu vida!

No te podemos ni ver,
solo polvo en ti orbitando,
de objeto masivo y compacto
coqueteándole al espacio
al son de cuásares bellos
¡que se extienden en tu radio!

Hoyo negro acretando. Dibujo de la
autora. 2016.

Púlsares

Los púlsares misteriosos
emiten energía a lo grande
señales de faro latentes
¡longitudes de onda de luz intermitentes!

A intervalos regulares
emiten luz al espacio
que solo un pulsar binario
halló su nombre ordinario
Allá en el 74 del siglo XX pasado
se descubrió a este tipo
de par de estrellas ¡binario!
Como todo tiene su tiempo
un pulsar es una estrella
que como en la vejez del hombre
final de su vida bella
generando ondas de radio
en un rayo con centella
que gira como un danzante
luz de un faro fascinante
razón de toda doncella
y así el pulso registra
sus rastros aquí en la Tierra

El primer pulsar binario
descubrió la danza bella
de ondas gravitacionales
furulando por la estrella
sacudiendo en ondas llenas
¡su energía pasajera!

Púlsares. Dibujo de la autora. 2016.

Cuásares

Los cuásares son pensados
como hoyos negros gigantes
absorbiendo las estrellas
radiando cantidades grandes
de energía en espacio-tiempo
¡cuánto material expandes!

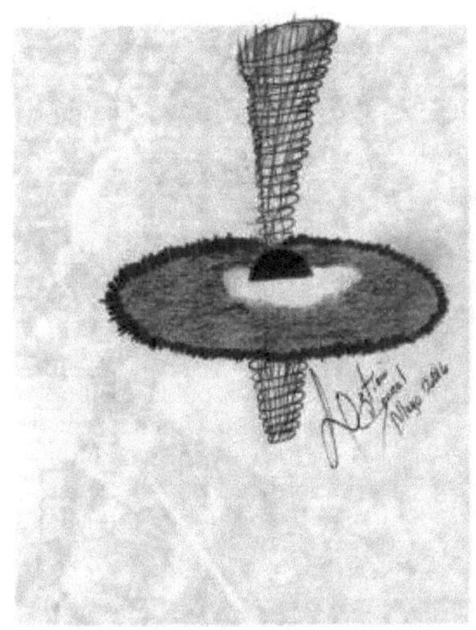

Cuásar. Dibujo de la autora.
2016.

Ondas gravitacionales

Las ondas gravitacionales
prácticamente hoy probadas,
en 1916 por Einstein fueron pensadas,
al colisionar dos objetos
astrofísicos compactos
fusión de agujeros negros
a un agujero gigante
conversión de masas solares
de energía en ondas gravitacionales
como cilindros concéntricos
la geometría de sus rizos
de fenómenos violentos
que producen energía.
Hay Einstein, quién diría
que a estas fechas tardías
¡tú relatividad nos llena
de felicidad todos los días!

La colisión de las masas
en el espacio-tiempo continuo
acelerando su marcha
en su rápido destino
nos provoca ondulaciones
¡Sin saber de dónde vino!
Predicciones coincidentes
en Hanford y Louisiana
LIGO delata evidentes
Ondas gravitacionales
¡En espectro las conviertes!

Ondas gravitacionales. Dibujo de
la autora. 2016.

Capítulo V

Fenómenos Físicos que ocurren en la Teoría Cuántica

Todos quizá hemos oído hablar de los agujeros negros, de la expansión del Universo, conceptos que son comunes y hay un nivel en el que es muy difícil entrarle a la astrofísica y a la física cuántica que es en el nivel de las matemáticas, la demostración matemática de las propuestas. Alguien como Lety Corral puede hacerlo, pero los demás, tenemos acceso al nivel conceptual, a entender, no en números sino en nivel conceptual una teoría ¿en qué consiste que en algún momento se super concentró la energía y luego se generó la materia, se fue expandiendo, etcétera. ¿En qué consiste la posibilidad de que existan realidades alternas a estas? Son niveles conceptuales a los que sí tenemos acceso y nos da acceso Lety en su libro, por una parte, explicando muchos de estos conceptos y también establece relaciones –que esto siempre es muy valioso, establece relaciones entre conceptos interesantes entre conceptos de este nivel y genera otra visión del mundo, hace crítica, cuestionamientos de una teoría. Aventura correcciones de conceptos, propuestas de ella para enriquecer y modificar los conceptos.

Pero no es lo único que nos da, y a mí me ha regalado aquí Lety, vetas que yo que la conozco desde hace muchos años no sabía y no imaginaba, abre cada capítulo con un poema en el que hace una descripción breve o una biografía del científico o una descripción breve en términos terrenales de lo que se va a abordar en el capítulo, además dibujante a lápiz. Hace dibujos bastante acertados de retratos de los protagonistas de la historia de la ciencia del siglo XX en éste ámbito del siglo XXI, yo celebro este libro.

En ingenierías están familiarizados con estos conceptos, y acercándose a estas revelaciones que nos ofrece la ciencia para entender el mundo, la vida, …

Raúl Manríquez Moreno
Premio Nacional de Novela <<Justo Sierra>>
Premio Chihuahua de Literatura 2003
Extracto de la Presentación del Libro "Un Presente para un Pretérito de Relatividad
General" Un Quantum de Astrofísica que contiene poemas hermanos de esta obra
16 de agosto de 2018

Niels Bohr. Dibujo de la autora. Septiembre de 2018.

**A la memoria de los teóricos del quantum:
Niels Bohr y Werner Heisenberg**

¿Qué pasa en el universo?
Física de lo pequeño
¿Por qué en bandos opuestos?
Enorme amistad entre ellos,
puso el destino a destiempo,
minando todo su sueño,
esa teoría de los cuantos,
¡dividió núcleos internos!

No sé si fue ingenuidad,
de Werner en aquel tiempo,
solo sé que la amistad
grandes lazos
ahí envueltos,
¡Cómo demonios sacar
lazos tan grandes y estrechos!
que no todo Ser Humano
cultiva lazos perfectos,
que Heisenberg y Bohr sintieron,
cuando en dos bandos opuestos,
la tribulación interpone
dos corazones abiertos.

Pues ambos por separado
destinos largos, opuestos,
tuvieron ¿a bien? ¿vivir?
cuando terminó el incendio,
contribuciones grandiosas,
¿Por qué terminan en esto?
¿Acaso cavaron sus tumbas
con los átomos siniestros?
electrones jugueteando,
coqueteando al núcleo intenso,
y un haz de luz penetrando,
buscando electrones dentro,
con éxito en el intento
alteraban predicciones
comportamientos directos,
sin visionar consecuencias:
¡De construcción de armamentos!

Disparar neutrón al núcleo,
en el átomo de uranio,
divide en dos elementos
liberando la energía
con tres neutrones inmensos,
cada uno de los cuales
divide otro núcleo intenso,
y tres núcleos divididos
neutrones liberan al tiempo,
que la cadena se amplía:
¡Explota en el firmamento!
Que en millonésimas de segundo
reacción en cadena enorme,
infinita, acumulada,
liberación de energía
que a la Humanidad entera:
¡dejaría fracturada!

Todo esto asimilaba
la mente del hombre grande,
de esta energía incontable,
que pone a Bohr inestable,
intenso, incontrolable,
¡agonizando anegable!

Desafortunada reunión
que unió a notables científicos,
dejándolos confundidos,
Heisenberg quiso sentir
el calor del gran amigo,
que se prestó a sacudir
el corazón tan herido,
de los Bohr en circunstancias,
de situaciones adversas,
¡Pero qué valor de hombre!
¡Se las jugó así de intensas!

Sus vidas cambiaron tanto
cuando detonó la guerra,
ni la sombra de tiempos buenos
cuando amanecían juntos
alcanzando las estrellas,
ni el haz de luz que barrió
midiendo partícula aquélla,
que a grandes velocidades
rodeando al núcleo plantea,

comportamiento distante
de incertidumbre perfecta,
matemáticas exactas:
¡De mente brillante entrega!

Los Bohr nunca perdonaron,
la visita del amigo,
que nazis acapararon,
pues en bandos muy distintos
en las brasas conflagraron.

Ninguno tuvo la culpa,
¡Ellos mismos se culparon!
Pues grandes contribuciones
a la ciencia aportaron,
más nunca estuvieron de acuerdo
en la bomba atómica
¡que otros detonaron!

En el lecho de su muerte,
35 años separados,
Heisenberg recuerda a Niels,
sus palabras dictaminaron,
el amor de Hijo al Padre,
¡al Niels Bohr que tanto había amado!
sin duda fue a encontrarse con él,
pues aquél lo habría aceptado,
ya que, en los años pasados,
Bohr escribió varias veces,
repasando esa reunión
de su amigo separado.

Cada uno por su cuenta,
repasó por separado,
aquélla fatal reunión,
¡Que los dejó fracturados!

Werner Heisenberg. Dibujo de la autora. Septiembre de 2018.

Heisenberg en Copenhague

Era en el siglo pasado
Allá en el 41
cuando Heisenberg visitó a Bohr,
el misterio de la visita
especulaciones suscita,
bomba atómica maldita,
que acabó con amistades,
que hijo y padre en sus bondades,
no midieron consecuencias,
que ni el tiempo lo sanó,
sus espíritus quedaron huecos,

de aquella enorme amistad,
¡Como en los mejores tiempos!

Margrethe esposa de Bohr,
mitades de un solo elemento,
no acepta fisión nuclear,
que a pueblos arrasa intenso,
que su ciudad Copenhague,
sitiada hería el cerebro,
que el adelanto en la ciencia,
¡Que Heisenberg, Bohr y otros
lanzaron al universo!
Celosa del alemán,
defendía a Bohr por dentro,
ni un instante los dejaba,

barría el viento igual que el tiempo,
y le pidieron permiso de estar solos
un tiempo.
En el campo intercambiaron,
posturas políticas de su invento,
que el gobierno Nazi exigía
de Heisenberg el sustento,
y muy criticado ha sido,
en la Alemania Nazi de aquel tiempo,
pero es muy desconcertante,
entreviendo el descontento,
Heisenberg a Bohr preguntaba,
la agonía que llevaba dentro,
si los aliados pidieron,
¡A Bohr la bomba aquél tiempo!

Bohr estaba ofendido,
de que el hijo-amigo vivo,
en la guerra lo visitara,
dudas fuertes ambos hurgaban,
fisión nuclear,
choques de núcleos,
reacción en cadena daban.
Bohr reclamaba al nazi
los cálculos del uranio
que su Ciudad Copenhague,
por nazis sitiada ahora,
resentida en el naufrague
desde el cielo se avizora
pues ante aquel desbalague

en ese tiempo no afora.
Más esta amistad se termina,
desde aquélla visita genuina,
de Heisenberg a los Bohr,
que ni el tiempo curó heridas,
en veintiún años distantes,
Bhor emprende la partida,
Grietas grandes, sangró herida,
¡En la contienda encendida!

Allá en el 76,
del pasado siglo XX,
Heisenberg despide su vida,
y sus últimas palabras,
fueron a Bohr, ¿despedida?
la impotencia de su orgullo,
envejecía cada día,
ninguno lo superó,
fue muy grande su agonía,
pues sus corazones siempre,
recordaron la alegría,
de aquellos años hermosos,
que en la escuela amanecían,
arreglando el mundo físico,
¡Que en guerra desembocarían!

Termino esta triste historia,
con un nudo en la garganta,
que me reanima al pensar,
en una amistad tan grata,
pues en archivo de Bohr,
con Heisenberg se retrata,
en Lindau en la reunión,
¡El encuentro del Nobel habla!

¿Onda o partícula?

Hay veces que quisiera actuar,
como onda en vez de partícula,
siendo invisible a los ojos,
de cualquiera en la película.

En esta obra de teatro,
la gente solo ve partícula,
pero yo me escaparé
usando doble rendija,
que el experimento engaña,
clonando a toda partícula,
y quedaré inadvertida,
en esta pesadilla inicua.

Entrelazamiento

Partículas entrelazadas,
forman la cuerda vibrante,
que no habrá de separar,
el material por su parte,
pues están hechas del mismo,
material que ellas comparten.

Entrelazamiento. Dibujo de la autora. Septiembre de 2018.

Teletransportación Cuántica

Transmisión de información cuántica
de estados entrelazados
de posición transatlántica
no importa si están separados

Partícula entrelazada,
es la teletransportación,
que, en posición alejada,
escanea la información,
"para nada complicada".

Matrimonio de fotones,
separados en dos islas,
funden hoy sus corazones,
no importa si las aislas
que, aunque otro fotón se agregare,
teletransportado quedare
en matrimonio de amor,
y así el trio de fotones
unieron sus corazones
¡Entrelazando su unión!

Teletransportación de humanos,
tecnología que un día,
proveerá su bendición,
pues leyendo información
de partículas humanas,
de París a Nueva York
copias del original,
a que estaremos expuestos,
pues sin cruzar las distancias,
réplica exacta presenta,
original información,
sin haberse transportado,
midiendo el cuántico estado,
del humano en posición.

Teletransportación de un humano,
original se destruye,
el proceso no reconstruye,
tu copia envía a la nación,

donde desees presentarte,
un instante en cualquier parte,
¡Del escaneo en cuestión!

Entrelazamiento y Superposición

Inquietante acción a distancia
Einstein dijo: "¡espeluznante!"
No importa la circunstancia
Le resultó repugnante
¡revistiendo su importancia!

Pero el gato vivo y muerto,
de Schrödinger superpuesto,
que John Bell pudo medir,
en verdadero supuesto.
Pues que estas rarezas cuánticas,
surgen del experimento,
quizá logren concretar,
en muchos estados envuelto,
los bits de un ordenador
cuántico, ¡en un invento!

Un electrón con el otro,
esto no es telepatía,
es tele transportación,
que un tercer electrón,
transfirió la información,
¡y así se entrelazaría!

¡Hay computadora cuántica!
que, en el estado inicial,
partículas entrelazadas
¡siempre las quisiste usar!

Fantasmas entrelazados

Hoy es tiempo de pensar,
de barrer ceniza inerte,
que la vida hoy me trae,
gozo, alegría y placeres,
no placeres de amoríos:
¡Nunca penetré en sus redes!
que los sentimientos traen,
sufrimiento en sus haberes,
que negué a participar,
por no herir mi vida breve.

Hay amores que se van,
el viento se los concede,
pero si en tu alma están,
no se han ido; ¡Tienden redes!
Hay que decirles: "good bye"
quizá ya nunca te enredes,
en vidas ajenas que Dios,

te regaló y ya no tienes,
se esfumaron cual la espuma,
como el tiempo en sus vaivenes,
cicatrices en mi alma,
amor de mi carne hieres,
que los amores más grandes,
del vientre nacieron breves.

Esos amores que Dios,
quiso confiarme con creces,
regalos del corazón,
que llevo en mi vida breve,
duele mucho el corazón,
no responde la razón,
dejarlos volar debieres,
que una existencia fugaz,
es la vida que vivieres.

Dios me da oportunidad,
nuevamente en mis quehaceres,
aprovecharla será,
vivirla como jamás,
valoraste en sus vaivenes,
que el tiempo en la oscuridad,
delicias del día infiere,
vivirlas todas en paz,
disfrutando sus desdenes,
que el tiempo ya se me va,
fantasma seré en sus mentes,
debo dejar mi legado,
escrito en todos los entes,
no me puedo imaginar,
desapercibida, inerte,
que el Señor me dio mi don,
debo explotarlo con creces.

Escribir esta ocasión,
me cuesta tantos recuerdos,
¡Cuán complejo el Ser Humano!
Terminas y no lo comprendes,
mejor sigo vocación,
hoyos negros me divierten,
origen del universo,
¡Átomos, electrones, entes!
Mi corazón alojó,
hambrienta estuvo mi mente,

día y noche estudié,
pues fascinaron mi vientre,
que ya no estaba ocupado
físicamente por siempre,
y ahí hospedé sus legados,
cubrieron toda mi mente,
que no hay día que no estudie,
el estado en que se encuentren,
fueron hijos de mi vida,
los llevaré para siempre,
pues el destino nos trae,
sorpresas que tú no entiendes,
pero hay cosas que no puedes,
quitar de tu cuerpo y mente,
regalo y préstamo dio,
el Poderoso a tu vientre,
que siempre ha estado ocupado,
con hijos: ¡Huella indeleble!

Estamos en una burbuja,
de un multiverso fehaciente,
cuán agradecida estoy,
con esta vida ferviente,
día y noche vivo yo,
al día con son ardiente,
pues no desperdicié jamás,
¡Un minuto aquí en mi mente!

Fantasmas internos

¡Tengo que ser radical!
sin sentir lo que ahora siento,
como si nunca te tuve,
¡En mi vientre mueres lento!
Que la semilla del tiempo,
pudo arrancar la raíz,
que me rasgaba por dentro.

No quería tener el tiempo así,
¡Más sin embargo lo tengo!

Hoy mi vida es como un vals:
Passion en mi vida ardiendo,
ya no me alimento de ti,

¡Te fuiste sin ningún tiento!
que los aromas de madre,
se marchitaron fingiendo.

Solo fantasmas observo,
¿A dónde se fueron mis sueños?
siempre pensé que tendría
a mi madre de sustento,
más este día en la alborada,
di por sentado ocupada,
mi vida estable a destiempo,
no vislumbré el escenario:
¡Lo llevaba aquí muy dentro!

Padre, ¿Cómo está Usted?
¡El fantasma lleva dentro!
Pues aquellos que se fueron
¡Son los fantasmas del tiempo!
Aquéllos planes tan grandes,
platicados con el viento,
cubren mi mente enroscada,
en dimensiones del tiempo,
que ni las cuerdas vibraron,
¡Hoy que todo lo recuerdo!

Veo la lluvia recorrer,
la calle de mi alimento,
cuando alguna vez mi madre,
hiciera el pan de mis sueños,
que la tormenta me impide,
¡Vislumbrar el cielo inmenso!

Sale el Sol en mi Alborada

¡Pero cómo cambia el tiempo!
Si el ayer agonizó,
me cambia todo mi cuerpo,
que un mensaje transitó,
al instante todo aliento,
penetrando en su andar,
la angustia que llevo dentro,
que se convirtió al azar
en mi divino sustento;
moví la tecla y alcé,
al instante el universo,
la alegría de mi vivir,
¡Que acojo al instante intenso!

Pues la alegría se me fue,
no fue para siempre cierto,
que, al mover la tecla exacta,
doy en el clavo concreto,
que la aguja del reloj,
retrocedió ¡marcó la hora perfecto!
Dos almas físicas se unen,
en el cuerpo e intelecto,
que la niña de mis ojos,
la alegría de mis entrañas,
vuelve a vivir el momento,
con su madre que la ama,
¿Casualidades del viento?
Materia negra te aglomeras,
acortas todo mi tiempo;
de este tipo de contracción,
quisiera vivir por dentro,
hoy el universo me abre,
horizontes en el tiempo,
debo aprovechar la vida,
el presente llevo dentro,
que el pasado se llevó,
fracturas de heridas encuentro,
que al instante se sanaron,
fracturas de todo este tiempo,
hoy la vida a mí me pone,
en la balanza perfecto,
que Dios en sus grandes bondades,

¡Aviva en mi vida el incienso!

Qué tan pequeño es el mundo,
que vivimos en los sueños,
la burbuja hoy se encoge,
encogiendo el multiverso,
permitiéndome encontrar,
mi esencia como al inverso,
de materia inteligente,
activa a campo travieso,
¿De dónde vendrá esta sopa?
¿Acaso viene del verso?
que la vida nos regala,
vida del mismo universo,
aunque haya surgido tarde,
vino a rebanar el queso,
me quedo con la más grande,
rebanada brana atravieso,
y me lanza en mi alborada,
recorrer el campo abierto,
que, de Chihuahua hasta Australia,
no pensé entrelazamiento,
pues la distancia no existe,
esa me la llevo dentro,
tele transportándome con mi hija,
copia de un mismo invento,
la vida grande nos trae,
¡Semillas del intelecto!
juntarlas nada nos cuesta,
cuando la alegría llevas dentro.

Printed by Books on Demand GmbH, Norderstedt / Germany